Como se preparar para imprevistos

Copyright 2012 by Reinaldo Domingos

Direção editorial: Simone Paulino
Projeto gráfico e diagramação: Terra Design Gráfico
Editora-assistente: Silvia Martinelli
Produção editorial: Maíra Viana
Redação: Jussara Mangini
Produção gráfica: Christine Baptista
Revisão: Assertiva Produções Editoriais
Impressão: Intergraf Ind. Gráfica Ltda.

Todos os direitos desta edição são reservados
à DSOP Educação Financeira Ltda.
Av. Paulista, 726 – cj. 1210 – 12º andar
Bela Vista – CEP 01310-910 – São Paulo – SP
Tel.: 11 3177-7800 – Fax: 11 3177-7803
www.dsop.com.br

```
         Dados    Internacionais  de  Catalogação  na  Publicação  (CIP)
                  (Câmara  Brasileira  do  Livro,  SP,  Brasil)

              Domingos, Reinaldo
                 Como se preparar para imprevistos / Reinaldo
              Domingos ; redação Jussara Mangini. -- São Paulo :
              DSOP Educação Financeira, 2013. -- (Coleção
              dinheiro sem segredo ; v. 9)

                 ISBN 978-85-63680-75-4

                 1. Dinheiro 2. Economia doméstica 3. Finanças
              pessoais - Decisões 4. Finanças pessoais -
              Planejamento 5. Investimentos 6. Matemática
              financeira 7. Poupança e investimento I. Mangini,
              Jussara. II. Título. III. Série.



 13-01194                                       CDD-332.6

                  Índices para catálogo sistemático:

              1. Educação financeira : Economia    332.6
```

DINHEIRO SEM SEGREDO

Como se preparar para imprevistos

REINALDO DOMINGOS

dsop

Sumário

Apresentação 8

Consciência preventiva

É melhor prevenir do que remediar 13

Guardar hoje para ter amanhã 16

Radiografia financeira 19

Valorize o seu dinheiro 23

Atenção aos detalhes

Identifique seus rendimentos 29

Proteja-se das armadilhas 31

Finanças equilibradas

Orçamento sob controle 37

Reserva com destino certo 40

Evite o comportamento de risco 47

Livre-se das dívidas

Supere as adversidades 55

Monte diferentes estratégias 58

Tenha sempre um plano B 61

Saia do ciclo do endividamento 65

Atitudes preventivas 68

DSOP Educação Financeira 70

Reinaldo Domingos 72

Contatos do autor 74

Apresentação

A Coleção **Dinheiro sem Segredo** foi especialmente desenvolvida para ajudar você e muitos outros brasileiros a conquistar a tão sonhada independência financeira.

Nos 12 fascículos que compõem a Coleção, o educador e terapeuta financeiro Reinaldo Domingos oferece todas as orientações necessárias e apresenta uma série de conhecimentos de fácil aplicação, para que você possa adotar em sua vida a fim de equilibrar suas finanças pessoais.

Questões como a caminhada para sair das dívidas, a realização de sonhos materiais como a compra da casa própria e a melhor forma de preparar uma aposentadoria são abordadas numa leitura fácil, saborosa e reflexiva.

Os fascículos trazem dicas de como lidar com empréstimos, cheques especiais, cartões de crédito e financiamentos, todas elas embasadas numa metodologia própria, que já ajudou milhares de brasileiros a ter uma vida financeira melhor e a realizar seus sonhos.

Observador e atento, Reinaldo faz uso de tudo o que ouve em seu dia a dia como educador e consultor financeiro para explicar o que se deve ou não fazer quando o assunto é finanças. As dicas e ensinamentos que constam nos fascículos são embasados pela Metodologia DSOP, um método de ensino desenvolvido pelo autor que consiste em diagnosticar gastos, priorizar sonhos, planejar o orçamento e poupar rendimentos.

Consciência preventiva

É melhor prevenir do que remediar.

Guardar hoje para ter amanhã.

Radiografia financeira.

Valorize o seu dinheiro.

É melhor prevenir do que remediar

A vida é uma caixinha de surpresas. Já pensou se você perdesse o emprego de uma hora para outra ou, por algum motivo, ficasse sem salário, sem comissões ou sem os ganhos extras de um trabalho temporário? Você já imaginou por quanto tempo conseguiria pagar suas despesas? E se por conta de uma doença na família você tivesse que arrumar recursos com urgência para custear um tratamento médico do seu pai ou de um filho? Como conciliaria esse gasto inesperado com os compromissos financeiros já assumidos?

Afinal, você tem ou não um plano B para enfrentar as fatalidades da vida? Aposto que a maioria das pessoas, quando indagadas sobre isso, têm a mesma resposta: "Não, eu não tenho um plano B e nem saberia o que fazer para dar conta de todas essas despesas".

É justamente por não ter um plano B, uma reserva estratégica, que muitas pessoas acabam entrando no sombrio mundo das dívidas ou simplesmente perdem seus bens materiais depois de anos de esforços para pagá-los. E não é uma questão de pessimismo nem de mau agouro. Qualquer um de nós está sujeito, diariamente, a algo que fuja ao nosso controle. No que diz respeito a dinheiro, o que muda é a maneira como cada um de nós se preparou para lidar com essas mudanças de planos.

Você deve conhecer alguém que deixou de honrar compromissos financeiros por causa de gastos extras com algo inesperado e, em razão disso, precisou se desfazer de seus bens para quitar as dívidas. E o que é pior, muitas vezes por valores abaixo dos praticados no mercado, ou, em situações mais extremas, tiveram os bens tomados judicialmente.

Mesmo que você seja um funcionário público com estabilidade ou um pequeno empresário bem-sucedido deve estar atento ao que estou dizendo, pois nunca se sabe o que pode acontecer. A melhor forma de se prevenir contra imprevistos é construir, desde cedo, uma reserva financeira que lhe dará tranquilidade e respaldo para superar essas situações, garantindo suas necessidades atuais e do futuro.

Para proteger seu patrimônio e manter seu padrão de vida por um longo tempo, não adianta apenas ter dinheiro no momento presente. O dinheiro de agora tem de ser muito bem zelado para garantir suas necessidades atuais e do futuro.

Você deve conhecer algum aposentado que poderia estar desfrutando da vida como bem quisesse, mas tem de continuar trabalhando porque os recursos da aposentaria não são suficientes para bancar seus gastos essenciais. Isso ocorre principalmente porque nessa faixa etária os custos com remédios e plano de saúde consomem uma parte significativa dos rendimentos das pessoas.

Você também deve ter reparado que em algumas famílias brasileiras a principal fonte de renda para sustentar filhos e netos é a de um aposentado. Com o aumento da expectativa de vida, hoje estimada em aproximadamente 80 anos, cada vez mais será necessário que as pessoas se preparem para continuar vivendo de forma digna após parar de trabalhar.

Porém, com minha experiência como educador e terapeuta financeiro sei que nem sempre o ideal acaba virando realidade. Por isso, minha tarefa é despertar em você uma consciência preventiva, com dicas fundamentais para que possa manter as suas finanças equilibradas. Você entenderá por que, independentemente do volume dos seus ganhos, é possível poupar e preparar-se para um futuro financeiro mais confortável e repleto de realizações.

E para aqueles que foram surpreendidos por uma eventualidade e estão sentindo no bolso as consequências de não ter feito uma reserva financeira, apontarei caminhos possíveis e planos para saldarem suas dívidas. Minha intenção é auxiliá-los a retomar o domínio das suas finanças para que, assim, possam novamente respirar aliviados vislumbrando um futuro mais próspero.

Guardar hoje para ter amanhã

A capacidade de projetar a vida, de se imaginar em outro tempo, com outras necessidades, desafios e sonhos, é um meio inteligente e eficaz de se preparar para o futuro. Se vivemos presos apenas ao presente, gastando tudo o que chega em nossas mãos, colocamos em risco a estabilidade do presente e deixamos de construir as bases para um futuro mais tranquilo e feliz.

Claro que isso não significa deixar de curtir o lado bom da vida no presente e viver preocupado com o futuro por antecipação. O fato é que não existe solução mágica. Para ter dinheiro é preciso guardá-lo. Não todo, mas ao menos uma parte.

Tenha em mente que é importante reter pelo menos 10% do que você ganha. Essa parcela corresponde ao mínimo necessário para que acumule dinheiro suficiente para se sustentar quando se aposentar ou se por algum motivo não puder mais trabalhar.

E lembre-se de que quanto antes iniciar essa reserva, mais cedo poderá viver tranquilamente, sem depender do seu ganho mensal para manter seu padrão de vida e, melhor, sem precisar recorrer a planos B, C, D quando surgir um imprevisto. Aos jovens, enquanto não têm família para sustentar, recomendo que poupem 30% do que ganham.

Se você é do tipo que não fez e nem faz reservas, deve ter consciência de que vive em uma situação vulnerável. Compreenda que ter uma reserva financeira não depende de quanto você ganha, mas de como você administra o dinheiro que ganha. Para crescer financeiramente é preciso administrar bem o dinheiro e saber aproveitar as oportunidades.

Imagine sua vida como um jogo de percurso. Localize onde você se encontra hoje e projete o que deseja realizar nos próximos anos. Procure estabelecer pelo menos quatro pontos desse caminho: um ano, cinco anos, dez anos e 20 anos.

Pense no que você precisaria, em termos de recursos financeiros e intelectuais, para realizar cada etapa. Depois avalie se suas atitudes no presente, em relação ao uso do dinheiro, favorecem ou comprometem a realização de seus planos, seja no curto, médio ou longo prazo.

Poupar é economizar no dia a dia, é comprar com critério e planejamento. É prever no orçamento a parcela dos ganhos que será guardada em uma caderneta de poupança ou em outros investimentos, seja para se precaver do inesperado, para aproveitar oportunidades em que é vantagem ter um montante para negociar melhores condições de pagamento ou até mesmo para fazer aquela reserva que lhe permitirá ficar de pernas para o ar, curtindo o melhor da vida.

Lembre-se: a maioria das pessoas, quando se aposenta, precisa reduzir, e muito, seu padrão de vida, porque não tem como sustentá-lo. Um bom plano de poupança pode valer mais do que uma vida inteira de trabalho duro, afinal, de nada adiantará você trabalhar pesado a vida toda sem guardar o suficiente para manter seu padrão de vida quando não puder ou não quiser mais trabalhar.

Radiografia financeira

Se o seu dinheiro não tem rendido o suficiente no decorrer do mês, seja qual for a sua faixa de rendimentos, é aconselhável você se questionar para onde ele está indo e quais são os custos reais do seu dia a dia.

Quando os gastos ultrapassam o valor dos ganhos não há sobra e, portanto, não há poupança. Sem poupança é menor a possibilidade de construir um padrão de vida que seja sustentável tanto hoje quanto amanhã.

Esse desequilíbrio financeiro é como uma doença que pode apresentar diferentes sintomas, cada um exigindo um tratamento. Algumas pessoas sofrem de uma leve labirintite financeira. São aquelas que vez ou outra ficam meio desequilibradas, gastam além da medida, mas logo se recompõem, se estabilizam e seguem adiante.

Há também quem fique com os membros inferiores afetados, sem conseguir sair do lugar. Já notou que, para dizer que alguém está em dificuldades financeiras, costuma-se usar a expressão "Fulano está mal das pernas"? Em casos mais graves, o "estar mal das pernas", que pode ser entendido como não encontrar meios para se livrar da dívida do cheque especial ou do cartão de crédito, por exemplo, pode evoluir para o "estar quebrado" – isto é, falido, sem condições de arcar com as dívidas acumuladas, com restrições de crédito e correndo o risco de perder tudo o que já conquistou.

Se você não está conseguindo poupar parte do que ganha é bem possível que sua saúde financeira esteja abalada. Para saber a dimensão do problema proponho que você faça uma espécie de radiografia dos seus ganhos e gastos para chegar a um diagnóstico real das suas finanças.

Radiografar os gastos, aqui, significa tomar nota de todo e qualquer dinheiro que sair do seu bolso. Durante um mês, sugiro que você ande sempre acompanhado de um pequeno bloco de anotações, algo que seja fácil de transportar em qualquer tipo de bolsa ou na carteira.

Você também pode utilizar o Apontamento de Despesas, disponibilizado no primeiro fascículo da Coleção Dinheiro Sem Segredo e no Portal de Educação Financeira DSOP (www.dsop.com.br). A proposta é que você registre todas as suas despesas no ato da compra, pois ao retardar a anotação acabará se esquecendo de fazê-la e deixará de ter um raio X preciso.

Veja bem, não estou dizendo para você, ao final do dia, fazer as contas e dizer: "Hoje gastei R$ 10,00" ou "Hoje gastei R$ 100,00". O que estou propondo é que você anote como gastou esses valores e qual a forma de pagamento utilizada (dinheiro, cheque, cartão de débito, cartão de crédito, vale-refeição, vale-transporte etc.).

É importante que as anotações sejam feitas por tipo de despesa. No topo de cada página do apontamento financeiro, coloque o tipo de despesa. É preciso colocar cada tipo de alimentação, por exemplo: padaria, supermercado, refeições externas, feira, açougue etc. Em cada despesa você anota os gastos efetuados a cada dia. O objetivo, ao separar por tipos de despesa, é que você possa identificar com exatidão onde estão os excessos e os supérfluos.

Afinal, se eu perguntasse qual é o seu gasto mensal com gorjetas, manicure, chope, cafezinho ou balada, você possivelmente teria dificuldade em dizer o valor com precisão, certo? Estimativas quase sempre falseiam a realidade. Após 30 dias corridos, com seu diagnóstico financeiro em mãos, você poderá analisar microscopicamente por onde o seu dinheiro anda escorrendo e, principalmente, que cortes poderão ser feitos.

Para fazer essa análise com discernimento, é preciso questionar desde o hábito diário de mascar chicletes até o de comer pizza toda semana. E o cafezinho? E a sobremesa? Você precisa mesmo disso, todos os dias, para viver?

À primeira vista, as despesas de pequeno porte talvez pareçam irrisórias e até inofensivas. Porém, são justamente as menores despesas, aquelas que não costumamos notar, que podem se revelar as mais perigosas. Vícios de consumo diário, como uma pastilha, o cigarro e o chocolate podem custar caro no fim do mês e do ano. A gordura dos custos está nos detalhes, nos excessos que você comete e que passam despercebidos.

É importante que o diagnóstico financeiro seja feito por 30 dias, para quem tem rendimentos fixos, e por até no máximo 90 dias, para quem tem ganhos variáveis. Cuidado para não se tornar escravo dessas anotações! Esse diagnóstico deve ser feito de tempos em tempos, por isso recomendo que você o pratique em intervalos de 12 meses. Se a anotação se tornar uma rotina, além de ficar escravo dela, você perderá a capacidade de análise.

Quero chamar a atenção também para as despesas essenciais como energia elétrica, água, gás, etc. Essas despesas quase sempre têm excessos que variam de 20% a 30%, por isso experimente estabelecer uma meta de redução em conjunto com a família.

Consciência preventiva

Valorize o seu dinheiro

Você pode até estar pensando que não há muito o que cortar das suas despesas. Porém, ao analisar suas anotações verá que muitas das coisas que consome são onerosas.

Na tabela abaixo, selecionei alguns exemplos de gastos cotidianos que, se fossem cortados, fariam uma grande diferença no orçamento e na conquista do sonho da independência financeira. Imagine que o gasto de R$ 50,00 por semana com pizza ou despesas equivalentes, no período de trinta anos, capitalizado a 1% ao mês, somaria um montante de quase 700 mil. Pense na diferença de qualidade de vida que você teria hoje se soubesse que tem 700 mil guardados.

DESPESAS	20 ANOS R$	30 ANOS R$
Gorjeta: R$ 1,00 (três vezes/semana)	12.860,32	45.434,53
Guloseimas: R$ 2,00 (cinco vezes/semana)	34.666,35	139.798,57
Cigarro: R$ 4,00 (por dia)	118.710,64	419.395,70
Pizza/balada: R$ 50,00 (por semana)	197.851,07	698.992,83

Taxa de juros de 1% ao mês

Não pense que, por estar se reeducando financeiramente, terá de abrir mão de todos os prazeres ou se tornar uma pessoa avarenta e mesquinha. É claro que você pode, e merece se dar, de vez em quando, algum tipo de gratificação, mas cuidando para que a realização daquele desejo imediato não ponha seus sonhos maiores e seu equilíbrio financeiro a perder.

Ao longo da minha história de sucesso financeiro, uma das melhores estratégias para poupar meus recursos foi justamente conseguir descontos. Isso significa que na maior parte das minhas compras, apesar de gastar, eu estava poupando, pois os ganhos acima de 10% no ato da compra representam mais do que eu ganharia em qualquer tipo de aplicação.

Grande parte da população brasileira busca informações sobre as aplicações que mais rendem, e, como já é conhecido, quanto maior o ganho nas taxas de juros, maior o risco. Buscar pelo melhor desempenho do dinheiro aplicado deve ser um dos objetivos, porém noto que as pessoas nem conseguem guardar dinheiro e já querem saber qual é a aplicação que rende mais. Reforço que o grande desafio é transformar os hábitos de consumidor em hábitos de poupador.

Meu objetivo é proporcionar uma educação financeira libertadora e não aprisioná-lo em regras impossíveis de sustentar ao longo da vida. É importante você entender que a mudança de hábitos é fundamental para o processo de reorganização da sua vida financeira, e que nem sempre esse novo modo de ver as coisas será um fardo. Pelo contrário. Quando menos esperar, você estará acostumado e animado com as mudanças que for conquistando.

Mas, como diz a canção de Paulinho da Viola, "dinheiro na mão é vendaval". Por isso, é preciso autocontrole para resistir às tentações e às necessidades que criamos para nós mesmos quando estamos diante de uma vitrine ou de um catálogo de produtos.

Selecionei algumas frases que traduzem exatamente esse pensamento. Leia-as com atenção e reflita sobre cada uma delas. Um exercício interessante é analisar até que ponto suas atitudes condizem ou não com o que está escrito abaixo. Preparado? Então, mãos à obra:

Gasta mais quem compra por impulso em várias parcelas.

Gasta menos quem pondera antes de comprar.

Gasta menos quem compra à vista e ganha descontos.

Quem ganha descontos tem mais dinheiro de sobra.

Quem tem mais dinheiro pode investir no seu bem-estar atual e futuro.

Consegue realizar mais sonhos quem guarda parte dos seus ganhos antes de pagar as despesas do mês.

Quem poupa parte do dinheiro que passa por suas mãos pode enfrentar melhor os imprevistos.

Atenção aos detalhes

Identifique seus rendimentos.

Proteja-se das armadilhas.

Identifique seus rendimentos

Além de muita gente não saber com exatidão para onde vai cada centavo do seu dinheiro, é comum encontrar tanto profissionais com carteira assinada quanto aqueles com rendimentos variáveis que registram na memória apenas o seu rendimento bruto, sem os descontos de impostos.

Esse comportamento é uma verdadeira armadilha para a contabilidade pessoal. Para calcular o seu orçamento mensal sem falhas, você deve se ater à sua renda líquida, ou seja, à quantia que sobra após descontados todos os impostos e encargos.

No caso dos autônomos o risco de subestimar ou superestimar os rendimentos é ainda maior porque em certos períodos eles podem ter ganhos bem acima da média e em outros, não ter rendimento nenhum. Por isso, o melhor a fazer é listar, da forma mais precisa possível, os valores médios recebidos nos últimos três meses.

Se você é assalariado, confira quanto realmente entra em seu saldo bancário, já descontados o INSS e o Imposto de Renda em folha de pagamento. É importante deixar claro que, para ser uma pessoa próspera, você não tem que necessariamente ganhar mais. Em termos de educação financeira não importa o quanto você ganha, mas como você gasta o que ganha.

Mesmo quem escolhe fazer trabalhos extras com o intuito de ampliar a renda e, assim, conseguir ter uma reserva precisa mudar seus hábitos de consumo. Se a reserva não for priorizada ou se os gastos não forem planejados, não há fonte extra de recursos que dê conta do desejo de consumir. Quanto mais ganhar, mais vai gastar. Faça a si mesmo algumas perguntas:

Para onde vai a maior parte de meus rendimentos?

Quais são as minhas principais despesas?

Todas essas despesas são necessárias?

Como eu poderia reduzir meus gastos?

Até hoje, o que consegui guardar dos meus ganhos?

O que fiz com os meus ganhos extras como 13º, bônus de férias, prêmios e horas extras?

Paguei dívidas com meus ganhos extras?

Quanto guardo mensalmente para minhas despesas inesperadas?

Proteja-se das armadilhas

Quem quer ter dinheiro precisa ter cuidado e atenção redobrada com as propagandas de todo tipo. Elas são um mecanismo legítimo utilizado pelas empresas para divulgar seus produtos e atrair consumidores.

Porém, muitas vezes essas campanhas nos hipnotizam a tal ponto que, se não compramos o que foi divulgado, nos sentimos fora da sociedade de consumo, em desvantagem em relação às outras pessoas. Tenha total convicção e resista bravamente aos apelos de consumo, reservando o seu dinheiro para aquilo que realmente possa agregar valor à sua vida.

O crédito fácil também é tentador porque funciona como uma saída de emergência para quem precisa de um bem e não tem dinheiro disponível. O problema está nos juros embutidos na antecipação do crédito. O risco é que você perca o controle diante da facilidade do crédito, gastando além da sua capacidade de pagamento por não pensar sobre o real valor da dívida que está assumindo.

Por isso, quando algo lhe parecer fácil demais, desconfie. Do contrário, o preço a pagar pode ser alto demais. Literalmente falando. Empréstimos bancários, crédito a perder de vista e parcelamentos infinitos são desvios perigosos que o ajudam a chegar mais rápido ao seu objetivo, mas neles estão embutidos os juros, armadilhas disfarçadas de facilidade que acabam por devorar o seu dinheiro.

Às vezes, é mais sábio optar pelo caminho mais longo, sem se deixar influenciar por agentes externos, juntando dinheiro para, então, fazer a aquisição desejada.

Lembre-se: cartão de crédito é um meio de pagamento e não uma despesa. Por isso, use-o com moderação e inteligência. Tenha um limite de crédito equivalente a no máximo 30% do seu salário e nunca pague a parcela mínima, pois nesse caso os juros são extorsivos. Também tenha cuidado com a praticidade do cartão de débito. Não o utilize como se estivesse pagando à vista enquanto, na verdade, você está usando o seu limite de cheque especial. Se você tem um rendimento equivalente ao limite do seu cheque especial e sempre recorre a esse limite, a cada oito meses você está dando praticamente um salário ao sistema financeiro.

Outro perigo que põe em risco o seu patrimônio é prender-se às aparências. Sustentar uma vida de aparência mais rica do que se pode ou do que se deveria é o modo mais fácil de desrespeitar o dinheiro e fazer com que ele suma da sua vida.

Costumo dizer que uma estratégia realmente eficaz para quem quer ter dinheiro é viver sempre um degrau abaixo do padrão de vida que poderia sustentar. Agindo dessa forma, você sempre terá uma margem de dinheiro para poupar e crescer.

Já o contrário, viver sempre um degrau acima do padrão de vida sustentável, levará você, inevitavelmente, a um déficit, que, acumulado ao longo da vida, o deixará sempre sem dinheiro. Se você vive em uma situação superior à de suas posses, precisa rever seus valores. E, principalmente, refletir sobre as razões que o levam a querer viver assim.

Finanças equilibradas

Orçamento sob controle.

Reserva com destino certo.

Evite o comportamento de risco.

Orçamento sob controle

Até aqui você não deve ter dúvidas de que a única forma de se precaver contra os imprevistos é reter uma parte do que ganha. Também deve ter entendido que é preciso fazer uma blitz no seu consumo para gastar menos e, assim, ter uma sobra no orçamento. Agora, é preciso garantir que suas economias realmente sejam priorizadas em seu orçamento.

Quando se fala em orçamento financeiro, a maioria das pessoas pensa da seguinte forma: "Ter um orçamento sob controle significa registrar o que se ganha e subtrair o que se gasta. Caso sobre dinheiro, estou no lucro. Se faltar, estou no prejuízo e terei de compensar o déficit no próximo mês".

O Orçamento da Metodologia DSOP se diferencia por priorizar os valores que são reservados mensalmente para a realização de três desejos, com custos e prazos diferenciados de realização (em um ano, até dez anos, mais de dez anos).

O fundamental aqui é perceber que o Orçamento DSOP é estruturado de uma forma estrategicamente pensada para que as reservas sejam, de fato, priorizadas. Por isso, primeiramente você deve subtrair do seus rendimentos líquidos mensais o valor a ser poupado para a materialização dos seus sonhos.

O resultado dessa conta equivale ao saldo que você usará para adequar seu padrão de vida, ou seja, o valor para você se manter durante o mês terá de se enquadrar nesse saldo.

Qualquer excesso irá interferir no seu planejamento e comprometerá a realização dos seus tão desejados sonhos, entre eles o de criar uma reserva para lidar com imprevistos de forma tranquila e para planejar o futuro. Se acha que ficará sufocado, uma alternativa é rever o prazo para a realização dos sonhos e recalcular o valor a ser poupado mensalmente.

Outra possibilidade, até que você equilibre melhor a relação ganhos e gastos, é manter a reserva pré-determinada para os sonhos, mas definir que o valor que seria destinado para o sonho de curto prazo (até um ano) tenha função dupla – em caso de uma situação inesperada ele será a fonte de recursos e, caso nada aconteça no período, o montante será aplicado no sonho que havia sido planejado para o curto prazo.

Isso representa uma mudança importante na sua forma de consumir. Essa estrutura vai ajudá-lo a ter consciência de quanto realmente você pode gastar, especialmente em compras parceladas, que se acumularão a outras já adquiridas.

Enfim, esse será um processo que o levará naturalmente a refletir antes de comprar. Isso se você estiver mesmo disposto a ser recompensado com a conquista de bens materiais tão importantes para sua vida e que talvez, pela indisciplina financeira, nunca viesse a ter ou tivesse de se endividar para adquirir. Por isso, não se esqueça destas dicas valiosas:

Quem conhece os próprios números (de ganhos e gastos) é capaz de gastar menos do que ganha.

Quem gasta menos do que ganha é capaz de evitar as dívidas e, caso as tenha, poderá administrá-las melhor e até eliminá-las.

Quem opta por não ter dívidas e até por eliminá-las guardará mais dinheiro.

Quem elimina suas dívidas é capaz de guardar dinheiro.

Quem guarda dinheiro constrói sua independência financeira e pode oferecer mais conforto aos seus familiares.

Como se preparar para imprevistos

Reserva com destino certo

Outra questão importante que você deve entender é que poupar não é o mesmo que investir. Primeiro você poupa, depois investe. Para poupar, você precisa conseguir reservar uma parte dos seus ganhos.

Como vimos, isso só é possível para quem tem pleno domínio da sua situação financeira: sabe quanto ganha, quanto e como gasta, planeja seu orçamento fazendo os cortes necessários para que nele caibam as reservas para imprevistos e também para os sonhos de curto, médio e longo prazos.

Como consequência, investir o que você poupou vai ajudar a multiplicar seus recursos. Para exemplificar o poder de quem poupa, basta dizer que se você conseguir guardar R$ 618,38 por mês em uma aplicação financeira com rendimento mensal de 0,7%, em 30 anos terá acumulado 1 milhão. Um jovem de 20 anos que reservar R$ 300,00 por mês durante 40 anos chegará aos 60 anos com R$ 1 milhão.

No entanto, é muito comum as pessoas terem dinheiro guardado sem saber exatamente o destino que darão a ele. Eu sempre digo que acumular por acumular não faz sentido. Até porque dinheiro guardado sem um objetivo pode virar pó a qualquer momento. Basta um anúncio publicitário mais instigante, um produto "revolucionário" ou a pressão de amigos e familiares para que aquele dinheiro (que não tinha destino certo) seja gasto em desejos momentâneos.

Para não cair nessa armadilha, a melhor estratégia é saber de antemão o que você vai fazer com o dinheiro poupado e só então pensar em como investir.

Para começar a investir o que poupou, escolha um banco confiável e seguro. A caderneta de poupança é conhecida como um dos investimentos mais populares do Brasil, principalmente pelo baixo risco.

Na minha opinião, é o investimento ideal para a reserva financeira dos seus sonhos de curto prazo. Quando alimentada mensalmente, a poupança é capaz de assegurar um montante considerável de dinheiro. No entanto, é recomendável diversificar os investimentos.

Para os sonhos de médio prazo, o CDB pode ser uma ótima escolha. O Certificado de Depósitos Bancários é um título de crédito emitido pelos bancos e funciona como se você emprestasse dinheiro às instituições financeiras, que, depois de um período, devolvem o valor acrescido de juros.

Diferente da caderneta de poupança, o valor mínimo de depósito é maior e varia entre os bancos. O resgate pode ser feito a qualquer tempo, mas sofre descontos quando retirado antes da data estipulada.

Outra possibilidade para sonhos de médio e longo prazos são os Títulos do Tesouro Direto, que também funcionam como se você estivesse emprestando dinheiro, mas, nesse caso, para o Governo Federal, e em troca recebe o dinheiro de volta corrigido.

Existem dois tipos de títulos públicos: no prefixado o investidor sabe exatamente quanto vai receber, e no pós-fixado só saberá qual foi o rendimento na data de vencimento.

A Bolsa de Valores é outro tipo de investimento popular. Qualquer pessoa pode comprar e vender ações na bolsa. De modo simplificado, ações são partes de uma empresa. Quando você compra uma ação, está adquirindo uma porcentagem da companhia.

Para comprar uma ação existem dois caminhos: pela corretora de valores, que é um membro da bolsa habilitado pelo Banco Central para vender e comprar "partes" de empresas, e pelos bancos, que administram e decidem quando e como investir.

Seja qual for a sua opção de investimento para os sonhos de curto, médio e longo prazos, o ideal é buscar o máximo de informações a respeito do investimento e ter sempre em mente o período durante o qual pretende investir, maximizando os ganhos e minimizando as perdas.

Um bom especialista poderá ajudá-lo a entender quais são as melhores escolhas de aplicação, respeitando o seu perfil como investidor:

Conservador: não corre riscos.

Moderado: corre riscos apenas em uma pequena parte do investimento.

Arrojado: prefere correr riscos e, consequentemente, ter mais retorno na aplicação.

Entre os destinos que o dinheiro poupado pode tomar, o principal é o da independência financeira. Você precisa poupar no mínimo 10% dos seus ganhos, desde o primeiro salário, e aumentar esse percentual à medida que os seus rendimentos forem crescendo. Esses 10% serão a semente do sonho da sua independência financeira. Quanto mais cedo você começar, mais rápido verá o dinheiro crescer e se multiplicar.

Se você acha que não precisa fazer reservas para o futuro, já que poderá se manter na velhice com a aposentadoria da Previdência Social, é bom saber que quase 100% das pessoas que fazem essa opção sofrem uma queda considerável no seu padrão de vida quando param de trabalhar.

Justamente porque a maioria contribui apenas com o percentual mínimo, de 8% a 11%, que é descontado obrigatoriamente dos trabalhadores com carteira assinada, ou pago voluntariamente por trabalhadores autônomos.

Com o passar do tempo, o valor de contribuição fica defasado em relação ao valor do ganho mensal. O resultado é que, quando for usufruir do benefício, o valor a receber será bem menor do que o necessário para a manutenção do seu padrão de vida.

Estima-se que no Brasil apenas 1% dos aposentados possam se considerar independentes financeiramente. Em contrapartida 74% dos aposentados dependem de parentes, amigos e até de pessoas desconhecidas e 25% são obrigados a continuar e até a voltar a trabalhar para poder manter o padrão de vida.

Avalie o teto máximo do INSS, ou seja, o limite máximo com o qual você pode se aposentar. Se hoje você tem uma remuneração superior a esse valor, certamente precisará complementar a aposentadoria, caso queira manter seu padrão de vida atual. Os planos de previdência privada são uma ótima opção para complementar ou substituir a previdência social e, assim, construir um futuro confortável, sem depender de ninguém.

Trata-se de fundos de investimento nos quais as pessoas acumulam recursos financeiros para garantir uma renda mensal no futuro. O contribuinte deposita mensalmente uma determinada quantia por um longo período – geralmente, de 30 a 35 anos. Ao final desse período de contribuição, terá os valores depositados, mais os juros correspondentes a todos esses anos, que poderão ser sacados mensalmente.

Para que você faça a escolha mais consciente possível sobre o tipo de investimento que vai ajudá-lo a ter uma aposentadoria digna e independente, convido-o a refletir sobre os seguintes aspectos:

Com que idade pretende se aposentar?

Quanto você quer receber por mês quando se aposentar?

Quanto será necessário reservar mensalmente para atingir o montante que vai gerar a renda mensal desejada dentro do tempo almejado?

Após responder a essas perguntas com precisão, o passo seguinte é transformar a independência financeira num sonho de longo prazo e guardar, com disciplina, o valor necessário. Esse é um caminho para evitar ser surpreendido com imprevistos numa fase da vida em que a busca por soluções alternativas pode ser dificultada pelas próprias limitações da idade.

Cada um de nós tem o seu próprio número, somos apenas semelhantes mas não iguais, ou seja, o valor que necessitamos para gozar de uma aposentadoria sustentável no futuro deve ser calculado levando sempre em conta a taxa de inflação. Esse valor deverá receber uma correção dessa taxa.

Fazer uma atualização anual desse número é fundamental, visto que o seu ganho sofrerá alterações quase sempre para mais. O segredo é acumular uma reserva financeira que renda, no mínimo, o dobro de juros/ganhos mensais, por exemplo: para um salário mensal de R$ 3.000,00, os rendimentos dessa reserva acumulada deverão ser de, no mínimo, R$ 6.000,00. Desse valor, metade será resgatada para o padrão de vida e a outra metade acumulará na própria reserva e, com isso, você poderá viver com tranquilidade e sustentabilidade financeira pelo resto da vida.

Parece difícil mas não é, tudo depende de suas escolhas. O tempo pode ser um grande aliado, mas se a decisão for manter seus hábitos, nesse caso ele se tornará o seu grande inimigo. Pense nisso e mãos à obra! Utilize a fórmula que está no portal da DSOP Educação Financeira (www.dsop.com.br).

| IDADE COM QUE DESEJA SE APOSENTAR | X | O GANHO DO ÚLTIMO ANO | = 40% = | VALOR DE RESERVA ACUMULADA | X | % DE RENDIMENTO MENSAL |

Finanças equilibradas

Evite o comportamento de risco

A inadimplência deve ser evitada sempre. Determinadas dívidas oferecem um risco ainda maior para o consumidor quando há falta de pagamento, seja porque o bem é colocado como garantia no caso de inadimplência, seja pelos juros abusivos, pelo transtorno de lidar com os obstáculos da restrição de crédito, pelo desgaste emocional que envolve as negociações ou pelo medo de perder o bem depois de anos de esforço para honrar os compromissos.

Todos estão sujeitos a ser surpreendidos com algo inesperado que impeça de honrar os compromissos financeiros de uma hora para outra. Por isso, ter uma parte dos ganhos reservada é essencial para evitar ou atenuar o impacto que uma situação dessas pode causar em sua vida.

Imagine, por exemplo, que um de seus pais, que não tem plano de saúde, precise de uma internação ou de um tratamento longo e que só você pode ajudá-lo nesse momento. Você relutaria entre atrasar a prestação do seu apartamento e fazer a intervenção médica necessária para salvá-lo? Provavelmente não. Portanto, ter uma reserva para as prestações da casa pode ser uma questão de vida ou morte.

Aliás, se tivéssemos o hábito de guardar dinheiro, certamente seria possível comprar a casa própria em até um terço do tempo que se leva para tê-la por meio de financiamento. Quem financia geralmente se preocupa em saber se o valor da prestação caberá no orçamento, mas se esquece de outros custos envolvidos, como documentação e impostos.

Ao comprar um imóvel, o ideal é que você tenha pelo menos 40% do valor total desse bem reservado para custear as despesas de instalações, acabamento, mobília e decoração. Com o carro é a mesma coisa. O comportamento mais comum e imediato é pensar no valor da prestação do automóvel e apenas nisso, desconsiderando ou subestimando todos os custos indiretos envolvidos nessa aquisição.

Esse é o que se pode chamar de "comportamento de risco", já que cerca de 2% a 3% do valor do carro é o custo que o proprietário terá com a sua manutenção anual. Sem ponderar sobre os custos indiretos e sua sobrecarga nos gastos cotidianos, muitos consumidores passam a ter dificuldade para pagar as prestações e, sem reservas, tornam-se inadimplentes e chegam a ter que devolver o veículo para livrar-se do endividamento.

E aqueles momentos da vida em que parece haver uma nuvem escura de má sorte sobre nossas cabeças? Imagine a seguinte situação: você deixa seu carro estacionado na rua e entra em um estabelecimento. Enquanto aguarda atendimento nem percebe que nuvens no céu preparam um dilúvio.

Quando menos se espera uma tempestade se forma e em pouco tempo transforma ruas e avenidas em rios de forte correnteza que carregam carros e motocicletas como se fossem folhas caídas. Ao se aproximar de uma janela, você avista seu carro boiando e já se desespera só de pensar no prejuízo. Então, descobre, ou relembra, que o seguro que contratou não oferece cobertura a ocorrências de acidentes naturais.

Até pouco tempo a principal preocupação de quem comprava um veículo era prevenir-se contra acidentes e roubo. Hoje em dia, com os efeitos das mudanças climáticas, eventos como esses são cada vez mais frequentes. E aí, essa pessoa, que depende do veículo para sua atividade profissional, vai se deparar com a dívida do carro levado pela enxurrada e com a necessidade de comprar um novo. O que fazer?

Quem tem uma reserva para imprevistos pode utilizá-la para quitar o financiamento do carro perdido, caso a verba seja suficiente, e se preparar para financiar um novo veículo. Se a verba não for suficiente para quitar o financiamento já existente, pode-se optar por usar a reserva para a entrada em um novo financiamento. Mas, nesse caso, a pessoa ficará com dois financiamentos e possivelmente terá de reajustar o seu orçamento.

Se não há reserva alguma, a pessoa vai amargar o pagamento das parcelas restantes sem usufruir o bem e sem descuidar do pagamento do financiamento já adquirido, afinal, não conta mais com o bem para usá-lo como contrapartida numa negociação em caso de inadimplência.

Há também as despesas previstas anualmente, como IPVA, IPTU, matrícula na escola, material escolar, seguro do carro, além das festas de fim de ano, cujo pagamento pode ser garantido com as rendas extras anuais de quem é assalariado, como o 13º salário, e até mesmo a restituição do Imposto de Renda. Esses são recursos providenciais para não ficar apertado com essas despesas, que incidem geralmente no início do ano.

Já quem não é assalariado e não recebe bonificações durante o ano tem o desafio de se programar financeiramente para arcar com essas despesas extras. E o jeito é recorrer à reserva mensal para não ter dificuldades nessa época do ano.

Livre-se das dívidas

Supere as adversidades.

Monte diferentes estratégias.

Tenha sempre um plano B.

Saia do ciclo do endividamento.

Atitudes preventivas.

Supere as adversidades

Tudo o que eu disse até aqui se aplica com mais facilidade a quem está buscando o equilíbrio financeiro e, apesar das dificuldades, não está inadimplente. Mas digamos que o seu caso seja outro: que você tenha sido surpreendido por uma adversidade que o obrigou a desviar dos seus planos e está sentindo na pele as dificuldades para honrar os compromissos assumidos.

Para tentar ajudá-lo, selecionei acontecimentos que já devem ter afetado você ou algum conhecido – e que são verdadeiras ciladas quando estamos desprevenidos. Para cada situação recomendo possibilidades de solução que podem ser adequadas para o seu caso.

Digamos que você é um entre centenas de trabalhadores que foram dispensados. Sem recursos, a empresa negligenciou suas obrigações e não pagou os seus direitos trabalhistas devidamente. Com o que recebeu, você conseguiu pagar as contas de dois meses. Passados alguns meses de escassos trabalhos temporários, foi ficando descapitalizado e com dívidas em atraso acumuladas.

Agora, com um novo emprego fixo, surge uma luz no fim do túnel para começar a liquidar as pendências financeiras. Ainda assim, será preciso um ajuste drástico de gastos e um pacto com a família para conciliar as despesas atuais e as dívidas atrasadas. Não há uma fórmula pronta para determinar quais dívidas deverão ser quitadas primeiro, mas sugiro duas possibilidades:

A primeira é saldar as contas essenciais (água, luz, telefone, condomínio), para evitar o corte no fornecimento de serviços indispensáveis. A segunda possibilidade são as dívidas que têm bens como garantia (casa própria, veículo financiado). Em seguida, priorize as dívidas com maior taxa de juros, como cartão de crédito, cheque especial, financeiras e, em seguida, as de menor valor (carnê, crediários, etc.)

Uma vez que você tenha sanado as despesas essenciais, é hora de procurar os credores com maiores taxas de juros. Procure o gerente da sua conta, mostrando a ele sua situação real, e se arme de todo o seu poder de negociação e persuasão para tentar eliminar juros, multas e todos os encargos que tentarem lhe empurrar. Solicite ao gerente que junte num mesmo pacote as suas dívidas de cheque especial, cartão de crédito e demais empréstimos, se houver. O objetivo imediato é estancar o processo de aumento da dívida, interrompendo a cobrança de juros sobre juros.

O passo seguinte é negociar a obtenção de uma linha de crédito diferente, mais alongada, com juros que não ultrapassem 2% ao mês. Lembre-se de que os bancos reduziram seus juros, então pesquisar é o segredo. Além dos juros, é imprescindível atentar para a prestação, que precisa ser menor do que o valor total dos juros que você vinha pagando mensalmente e que provavelmente estava inviabilizando o pagamento das suas outras despesas.

Mas não se esqueça de que as negociações, os acordos e os parcelamentos das dívidas precisam caber no seu novo orçamento. Do contrário, você não conseguirá honrar os compromissos assumidos. Se precisar prolongar os prazos, caso isso não implique juros altos, faça-o tanto quanto necessário para que a parcela caiba em sua disponibilidade de recursos.

Para saber com exatidão qual é a sua capacidade de pagamento, faça um diagnóstico financeiro e redesenhe o seu orçamento de forma que ele contemple a retenção de 10% dos seus ganhos – sim, essa reserva se faz ainda mais necessária nesse momento de retomada do equilíbrio financeiro. Contemple também a reserva mensal para os sonhos, o saldo para pagamento das despesas atuais cotidianas e a margem mensal para saldar as dívidas atrasadas.

Se, ao fazer o diagnóstico e o orçamento, você concluir que pode pagar um pouco mais ao banco, ótimo. Mas caso perceba que o valor que poderá destinar para liquidar as dívidas é baixo, some a ele o valor que estaria destinado aos sonhos, afinal, se você almeja, de fato, recuperar o equilíbrio financeiro, talvez esse seja seu maior sonho no momento.

Monte diferentes estratégias

Se não houver possibilidade de acordo com a instituição financeira, é preciso mudar de estratégia. O primeiro passo é começar imediatamente a guardar dinheiro, para que, mais adiante, ao ser procurado pelas empresas de recuperação de crédito contratadas pelos bancos, você possa negociar e quitar as dívidas em condições melhores.

Você deve estar estranhando essa recomendação de poupar enquanto se tem dívidas. Pois esse é um dos aprendizados de quem tem dívidas em atraso: o hábito de poupar deve ser preservado, pois é dele que virá, inclusive, sua força de negociação.

Caso o seu gerente não aprove uma nova linha de crédito com juros mais baixos que lhe permita quitar num só pacote o seu endividamento bancário, outra alternativa é fazer um empréstimo consignado, cujas parcelas são descontadas diretamente na folha de pagamento.

Essa pode ser uma boa saída desde que você tenha consciência do percentual em relação ao seu rendimento líquido que poderá ser comprometido com esse novo crédito. Seja firme: use o empréstimo para quitar a dívida e, em hipótese alguma, o utilize para outros fins.

Você sabia que as dívidas podem se tornar mais caras ou mais baratas, dependendo da instituição para a qual você deve? Isso ocorre em razão do momento econômico e da estratégia de negócios adotada pela instituição financeira. E sabe o que isso significa? Que outra possibilidade de fugir dos juros altos é transferir sua dívida do banco A para o banco B e, com isso, diminuir o volume de juros a pagar, o que pode ser uma vantagem para quem está endividado.

Essa troca é conhecida por portabilidade de crédito, ou seja, quando existe a possibilidade de transportar o seu saldo devedor para outro banco que ofereça melhores condições contratuais que o seu banco original. É uma operação simples: você escolhe a nova instituição financeira com a qual irá operar, assina os documentos necessários e o novo banco quita seu saldo devedor com o banco original, transferindo o valor total da sua dívida eletronicamente para a nova instituição.

Você também pode analisar suas habilidades e planejar a melhor forma de utilizá-las a seu favor nos campos profissional e financeiro, abrindo caminhos para, quem sabe, gerar mais renda, o que o ajudará a acumular uma quantia maior de dinheiro. Pode ser que você tenha alguma aptidão natural que talvez nem tenha percebido ainda.

Deve existir algo que você saiba e goste de fazer e que possa colocar em prática como uma atividade paralela, o que possibilitaria, talvez, elevar sua renda mensal pelo menos durante esse momento de crise passageira. Minha sugestão é que você liste tudo o que sabe fazer, com certa facilidade e pense em como essas habilidades podem ajudá-lo a ganhar dinheiro.

Há pessoas que são boas com números, outras sabem cozinhar divinamente, há aquelas que falam fluentemente várias línguas, outras têm facilidade com as artes. E aí, que habilidades podem salvá-lo? Fique tranquilo caso não identifique nada. Foque em seu trabalho atual e lembre-se de que a solução nem sempre está em aumentar seu ganho, mas principalmente em adequar-se financeiramente ao seu real padrão de vida.

Tenha sempre um plano B

Imagine que você passe por uma situação semelhante ao exemplo que citei ao falar da importância de uma reserva financeira para garantir o pagamento das prestações da casa própria em caso de algum acontecimento inesperado.

Seu pai, que sempre teve uma saúde de ferro, precisará se submeter a uma cirurgia emergencial devido a uma fratura resultante de uma queda. Nesse momento você descobre que o plano de saúde, que ele usou raríssimas vezes, não cobre os procedimentos necessários, e você, que quer poupá-lo de sofrimento e aborrecimentos, assume as despesas com o hospital e com a contratação de um cuidador para acompanhar a reabilitação do seu pai em casa.

Os custos dessas intervenções médicas não são baratos, mas você, que não tem com quem dividir a despesa, a assume sozinho. Afinal, trata-se do seu pai. Porém, esse imprevisto pesa no seu bolso e o faz ficar alguns meses sem pagar a prestação da sua casa. Já faz algum tempo que você vem pagando as prestações com atraso, acrescidas de juros e multas, o que só complica a situação, porque dessa forma a prestação se torna mais difícil de pagar, pesando ainda mais no orçamento.

Diante dessa situação, algumas pessoas buscam alternativas para se livrar da dívida, mas nem sempre têm sucesso. Não sei se é o seu caso, mas é comum usarem todo o 13º salário e as férias, fazerem empréstimos bancários ou ainda muitas horas extras para conseguir cumprir esses compromissos. Mas, naturalmente, passados um ou dois meses, as prestações voltam a se acumular, porque a dívida ficou acima da capacidade de pagamento.

Pode ser que você faça acordos, de tempos em tempos, com o banco ou com a construtora, parcelando as prestações em atraso, mas sem conseguir colocá-las totalmente em dia. Afinal, em vez de diminuir o valor pago mensalmente, o acordo aumenta a necessidade de recursos, inviabilizando ainda mais o pagamento, porque seu rendimento líquido vai sendo reduzido mês a mês.

Se mesmo com dificuldade você continua pagando as prestações, seu caso pode não ser tão grave assim e com um bom diagnóstico e um ajuste no orçamento conseguirá sair logo dessa crise. Caso tenha rendimentos regulares, quase sempre é possível reorganizar as finanças e ajustar a parcela do financiamento à sua realidade econômica.

Porém, a situação muda completamente de figura caso você, por alguma razão, além dos problemas que está enfrentando, fique sem rendimentos ou tenha uma queda brusca nos recursos financeiros de uma hora para outra, sem perspectivas concretas de recuperação em seis meses, por exemplo. Nesse caso, preciso apresentar-lhe um plano B. Quando não há perspectiva de a situação se reverter a seu favor em curto prazo, a atitude mais sensata é considerar a hipótese de colocar o imóvel à venda, transferindo a dívida ou vendendo-o pelo preço total para quitar o saldo devedor, ou simplesmente entregá-lo.

A pior solução é deixar a dívida rolar para ver no que dá. Não caia na ilusão de que a dívida caduca, nem confie que vai demorar muito tempo para tirarem o imóvel de você. A melhor saída nesse caso é fazer uma avaliação do imóvel e verificar o saldo devedor.

Consulte vizinhos, amigos e parentes que possam se interessar em comprar o imóvel. Caso a única saída seja mesmo devolver o bem, garanta que não será necessário assumir o pagamento de nenhum resíduo, pois, do contrário, você ficará sem casa e com dívida, o que dificultará ainda mais a busca por sua estabilidade financeira.

Esse mesmo raciocínio vale para quando a aquisição do carro é que vira um problema. Se não houver perspectiva de reverter a situação em um curto espaço de tempo, o melhor a fazer é devolver o automóvel o quanto antes e negociar, com a ajuda de um advogado, se necessário, a extinção da dívida.

A alternativa seria repassá-lo para terceiros, de forma que o novo comprador assumisse a dívida. Mas nesse caso, não se esqueça, em hipótese alguma, de transferir o financiamento para o nome do novo comprador.

Como se preparar para imprevistos

Nesse momento, você pode estar pensando: "Não estou em nenhuma dessas situações, portanto nada deve me preocupar." Mas eu alerto para que tenha atenção e cuidado, pois não são somente as notícias ruins que nos levam a problemas financeiros. Pense que um de seus melhores amigos ou um parente pode convidá-lo para ser padrinho ou madrinha de casamento; que você será pai ou mãe de uma linda criança e não tem nenhuma reserva. Nesses casos, você certamente se endividará; portanto, tenha em mente que os imprevistos sempre existirão. O que precisamos é nos prevenir e nos prepararmos para eles.

Saia do ciclo do endividamento

Microempresários, profissionais liberais, trabalhadores informais e tantos outros que não contam com uma fonte fixa de rendimentos estão sujeitos aos efeitos de muitos riscos e imprevisibilidades. Esses trabalhadores são os que mais precisam ter controle das suas finanças, aprendendo a viver em um patamar abaixo do seu padrão de vida e com reservas suficientes para terem uma margem mínima de segurança.

É um cenário que envolve de ambulantes a taxistas, vendedores autônomos, cabeleireiros e dentistas. Esses profissionais têm uma rotina e rendimentos imprevisíveis. Se acontece algo que lhes traga prejuízo – equipamento quebrado, calote de clientes, impossibilidade de trabalhar devido a um acidente ou doença e até roubo –, suas finanças entram em total desequilíbrio.

E o mais comum é recorrerem ao cheque especial e ao cartão de crédito como se esses recursos fizessem parte dos seus rendimentos. Com esse dinheiro, pagam despesas com supermercado, farmácia, combustível, e quando chega a fatura do cartão percebem que não será possível pagá-la em sua totalidade.

A solução mais comum que as pessoas adotam nessa situação é pagar apenas a parcela mínima, até que se recuperem do déficit causado pelo imprevisto. Possivelmente, no mês seguinte precisarão usar o limite do cheque especial para pagar o mínimo do cartão. E assim aos poucos caem na armadilha da ciranda financeira, pagando juros sobre juros e quitando cada vez menos dívidas, ficando inadimplentes e sem crédito no mercado.

A única solução para sair desse ciclo de endividamento é retomar o controle das finanças com todas as dicas que dei anteriormente: apesar da imprevisibilidade de rendimentos desse perfil de profissionais, é possível chegar a um orçamento mais realista, cruzando os dados do diagnóstico com as médias de ganhos dos últimos três meses, utilizando como parâmetro de rendimento as médias mais baixas.

Uma vez que o uso do limite do cheque especial saiu do controle, é melhor não perder tempo: o jeito é procurar logo o gerente e pedir o parcelamento do débito do cheque especial em quantas vezes forem necessárias para quitá-lo. O ideal é ignorar a existência do cheque especial ou pedir o seu cancelamento. Se a pessoa tem dificuldade de viver sem esse recurso, precisa entender que quando usa R$ 100,00 do seu limite é como se estivesse comprando do banco R$ 100,00 pelo preço de R$ 120,00!

Em relação ao cartão de crédito, a atitude mais correta é ser radical e não usá-lo em hipótese alguma, até que a dívida seja extinta. O tempo que vai demorar para isso acontecer dependerá do quanto a pessoa deve e do valor que conseguirá disponibilizar mensalmente para quitar o débito. O grande erro é confundir cartão de crédito com dinheiro. A solução mais simples é passar a usar apenas o dinheiro em espécie. Assim, você terá maior controle sobre os gastos.

Sair do ciclo do endividamento é uma questão de escolha. Da mesma forma que autônomos, empresários e profissionais liberais não têm ganhos mensais, eles podem sair muito mais rápido de seus problemas financeiros porque suas atividades também podem proporcionar mais expectativas de ganhos. Lembre-se: saber viver no verdadeiro padrão de vida é o segredo para uma plena reabilitação.

Atitudes preventivas

Com todas as informações, exemplos e dicas que apresentei neste livro, espero tê-lo ajudado a pensar melhor quando o assunto é dinheiro. Estar preparado para imprevistos é fundamental para garantir um presente e um futuro tranquilos e sem sobressaltos. Tenha confiança no seu poder de superação e organização e siga em frente. Abaixo, deixo mais alguns ensinamentos para que você possa refletir a respeito do tema e se tornar uma pessoa cada vez mais preparada e segura em relação à sua vida financeira.

Não confunda desejos imediatos com sonhos genuínos.

Compre pela real necessidade e não para impressionar as outras pessoas.

Lembre-se sempre dos sonhos materiais antes de fazer qualquer compra.

Não se deixe seduzir pelo marketing publicitário.

Verifique a possibilidade de adquirir produtos similares e mais em conta.

Pergunte o preço à vista e compare com o valor a prazo. Negocie, sempre pedindo descontos.

Pesquise o preço na internet e em três outros lugares.

Guarde o dinheiro antes e compre depois.

Controle a ansiedade de comprar, mesmo quando tiver dinheiro em mãos.

Tome cuidado com o crédito fácil.

Viva o hoje, sem esquecer o amanhã.

Não se esqueça de lançar as compras parceladas no seu orçamento mensal.

Reserve uma parte dos seus ganhos para imprevistos.

O futuro é consequência das escolhas do presente.

Chegamos ao final de mais um fascículo. Agora é com você! Os imprevistos sempre farão parte do nosso cotidiano, aliás, essa é a graça da vida. Espero que com os ensinamentos desta obra você consiga se estruturar e, com isso, se prevenir. Descubra o seu "eu financeiro" e construa a segurança financeira que merece. Viemos ao mundo para ser felizes, para realizar desejos e objetivos. Você pode, você merece e conquistará todos os seus sonhos: acredite na beleza deles.

DSOP
Educação
Financeira

Disseminar o conceito de Educação Financeira, contribuindo para a criação de uma nova geração de pessoas financeiramente independentes. A partir desse objetivo foi criada, em 2008, a DSOP Educação Financeira.

Presidida pelo educador e terapeuta financeiro Reinaldo Domingos, a DSOP Educação Financeira oferece uma série de produtos e serviços sob medida para pessoas, empresas e instituições de ensino interessadas em aplicar e consolidar o conhecimento sobre Educação Financeira.

São cursos, seminários, workshops, palestras, formação de educadores financeiros, capacitação de professores, pós-graduação em Educação Financeira e Coaching, licenciamento da marca DSOP por meio da rede de educadores DSOP e Franquia DSOP. Cada um dos produtos foi desenvolvido para atender às diferentes necessidades dos diversos públicos, de forma integrada e consistente.

Todo o conteúdo educacional disseminado pela DSOP Educação Financeira segue as diretrizes da Metodologia DSOP, concebida a partir de uma abordagem comportamental em relação ao tema finanças.

Reinaldo Domingos

Reinaldo Domingos é professor, educador e terapeuta financeiro, presidente e fundador da DSOP Educação Financeira e da ABEFIN – Associação Brasileira dos Educadores Financeiros. Publicou os livros Terapia Financeira; Eu Mereço Ter Dinheiro; Livre-se das Dívidas; Ter Dinheiro não tem Segredo; O Menino do Dinheiro – Sonhos de Família; O Menino do Dinheiro – Vai à Escola; O Menino do Dinheiro – Ação entre Amigos; O Menino e o Dinheiro; O Menino, o Dinheiro e os Três Cofrinhos; e O Menino, o Dinheiro e a Formigarra.

Em 2009, idealizou a primeira Coleção Didática de Educação Financeira para o Ensino Básico do Brasil, já adotada por diversas escolas brasileiras.

Em 2012, criou o primeiro Programa de Educação Financeira para Jovens Aprendizes, já adotado por diversas entidades de ensino profissionalizante, e lançou o primeiro Programa de Educação Financeira para o Ensino de Jovens e Adultos – EJA.

Contatos do autor

No portal DSOP de Educação Financeira (www.dsop.com.br) você encontra todas as simulações, testes, apontamentos, orçamentos e planilhas eletrônicas.

Contatos do autor:

reinaldo.domingos@dsop.com.br

www.dsop.com.br

www.editoradsop.com.br

www.reinaldodomingos.com.br

www.twitter.com/reinaldodsop

www.twitter.com/institutodsop

www.facebook.com/reinaldodomingos

www.facebook.com/DSOPEducacaoFinanceira

www.facebook.com/editoradsop

Fone: 55 11 3177-7800